1 2 3
4 5 6
7 8 9 0

1.ª edición: 2013
7.ª edición: 2020

Juan Ignacio Luca de Tena, 15
28027 Madrid

Dirección Editorial: Isabel Carril
Coordinación Editorial: Begoña Lozano
Edición: Cristina González
Diseño de cubierta: believe y M.ª Luisa Torcida
Diseño de interiores: M.ª Luisa Torcida
Preimpresión: Alberto García

ISBN: 978-84-216-8759-8
D. legal: M-7043-2013
Printed in Spain

www.brunolibros.es

PAPEL DE FIBRA
CERTIFICADO

7.ª edición

Las divertidas aventuras de los números

Cuentos del uno al nueve... más el cero

Pilar López Ávila

Mª Luisa Torcida

Bruño

1 2 3
4 5 6
7 8 9 0

El Uno juega al escondite

El número Uno
lleva una camiseta
con un punto.

Al acabar
las clases,
el Uno salta
de la pizarra
y se va a jugar
con sus amigos
al parque.

Juegan al escondite,
y como el Uno es tan
delgadito, ¡se esconde
en cualquier parte!

Le toca contar
al unicornio Nelo,
que tiene un cuerno
en mitad de la frente.

1

El Uno se ha escondido
entre las ramas
de un árbol,
¡y Nelo no puede
encontrarlo!

Ahora va a contar
el gallo Kiko, que tiene
una cresta colorada en lo alto
de la cabeza.

1

—¡Qué difícil
es encontrar
al Uno! —se
queja.

Después le toca
contar al dromedario
Domi, que tiene una joroba
en la espalda.

Domi mira hacia todos
lados, pero no ve al Uno.

1

¡Y es que el Uno se ha escondido entre los palos de un jugador de golf!

Pero, ¡ay, qué distracción!

¡El jugador de golf ha cogido
al Uno por equivocación!

Lo agarra con fuerza y ¡ZAS!,
golpea la bola con el Uno,
como si fuera un palo de golf.

—¡Ay, ay, mi cabeza!
¡Qué dolor! —grita el Uno.

Sus amigos corren a ayudarlo
y le dicen:

—Ya no te puedes esconder tan bien,
porque con ese chichón tan grande...
¡enseguida te vamos a ver!

1 2 3
4 5 6
7 8 9 0

El Dos despistado

El número Dos lleva
una camiseta con dos puntos.

2

¡Suena el despertador!
¡Es hora de ir al colegio!

El Dos se levanta
de la cama de un salto.

Mientras hace dos flexiones,
el Dos mira el calendario
y dice:

2

—¡Hoy es dos de enero! ¡Seguro que hace mucho frío! ¡Tengo que abrigarme!

El Dos saca la ropa del armario.

Se pone dos calcetines gordos,
uno en cada pie.

2

Dos botas forradas de piel.

Dos guantes de lana,
uno en cada mano.

Y dos bufandas.

2

—¡Ya estoy preparado! —dice el Dos.

Baja las escaleras
saltando los peldaños
de dos en dos y echa a correr
por la calle para entrar en calor.

A los dos minutos, el Dos empieza a sudar... Le sobran los dos calcetines, los dos guantes...

... las dos
bufandas,
las dos
botas...

Cuando el Dos por fin
llega al colegio,
las dos puertas
están cerradas.

2

Extrañado, vuelve corriendo a casa y mira otra vez el calendario.

—¡Qué despistado soy! —exclama—. Hoy es dos de enero… ¡pero también es sábado y no hay colegio!

1 2 3

4 5 6

7 8 9 0

El Tres enrollado

El número Tres lleva una camiseta con tres puntos.

Es la hora de la clase de gimnasia.

3

El Tres llega al gimnasio dando tres saltos: *¡TOING, TOING, TOING!*

Está muy contento, porque es
tan elástico que todos los ejercicios
le salen bien.

3

El Tres sube
por las espalderas
deslizándose
como una culebra...
Salta las colchonetas
de tres en tres...
Escala
por la cuerda
enrollándose en ella...

—¡Cómo te enrollas,
número Tres!
—exclama
su compañera
la pata Tula.

Y el Tres se ríe
a carcajadas:

—¡Ja, ja, ja!

Tico, el dinosaurio de tres cuernos, ¡quiere ser tan ágil como él!

En la carrera de triciclos,
el Tres es el más rápido.

Da tres vueltas al gimnasio
y llega el primero.

Es el momento
de saltar tres vallas.

El Tres coge carrerilla
y se impulsa como
un muelle...

El Tres salta tan alto
que se da un golpe
contra el techo:

—¡Ay, ay, ay!

Del techo sale rebotado
contra la pared.

—¡Huy, huy, huy!

Y de la pared sale lanzado hacia la cuerda, en la que se queda enrollado y un poco mareado.

Sus compañeros de clase están asombrados y exclaman:

—¡El Tres sí que es un número muuuy enrollado!

3

1 2 3
4 5 6
7 8 9 0
4

4

El partido del Cuatro

El número Cuatro
lleva una camiseta
con cuatro puntos.

4

Lo que más le gusta al Cuatro
es darle patadas a un balón.
¡Le encanta jugar al fútbol!

Ahora mismo, el Cuatro está jugando
un partido de fútbol algo raro...
¡porque solo hay cuatro jugadores
en cada equipo!

El Cuatro chuta
el balón al gato Fito,
que se lo pasa al unicornio Nelo.

Y Nelo se lo vuelve a pasar
al Cuatro, que hace cuatro regates
y mete un golazo.

4

—¡GOOOOOOOOL! —grita el público.
¡El partido está muy emocionante!

De nuevo, el Cuatro tiene el balón.
Da cuatro zancadas y se lo pasa
al dromedario Domi, que
se lo pasa al unicornio...

Y Nelo se lo pasa al Cuatro, que da cuatro toques y chuta a portería.

—¡GOOOOOOOOOL! —grita entusiasmada la afición.

En la siguiente jugada, el Cuatro
roba el balón y se lo pasa
al dromedario Domi.
El dromedario se lo pasa al unicornio
Nelo, y este se lo pasa al Cuatro,
que puede tirar a puerta, pero...

4

«Hoy ya he metido demasiados goles», piensa. Entonces ve que el gato Fito se adelanta... y el Cuatro le pasa el balón. Fito da cuatro pasos, chuta y...

—¡GOOOOOOOOL!
El Cuatro, el unicornio,
el dromedario y el gato
se felicitan, entusiasmados.
¡Los cuatro han ganado
el partido!

4

—Mejor que ser un gran futbolista... —dice el Cuatro— ¡es ser un buen compañero!

1 2 3
4 5 6
7 8 9 0

La acampada del Cinco

El número Cinco
lleva una camiseta
con cinco puntos.

5

Hoy, el Cinco se va de acampada
con varios compañeros de clase
y con su monitora, la estrella
de mar, que tiene cinco brazos.

Al llegar a una charca,
el Cinco ve a cinco patitos
nadando, y uno de ellos
está llorando.

Entonces, el Cinco le canta:

5

—Cinco patitos se fueron a bañar,
y el más pequeñito se puso a llorar.

Y los cinco patitos ríen y aplauden.

El Cinco sigue caminando
y se encuentra con cinco lobitos
que están jugando.

—Cinco lobitos tiene la loba, cinco
lobitos detrás de la escoba —les canta
el Cinco, y los lobitos se ponen
muy contentos.

5

El Cinco sigue caminando...
y de pronto se asusta.

¡Se ha perdido en mitad del campo!

Ya no ve a sus compañeros
ni a su monitora, la estrella
de mar...

5

Menos mal
que los cinco patitos
y los cinco lobitos le indican
el camino, y el Cinco encuentra
a sus compañeros, que ya
han montado el campamento.

5

Por la noche, mientras están contando historias sentados en círculo, la monitora anima al Cinco para que cante una canción.

5

—Cinco elefantes se balanceaban sobre la tela de una araña... —canta el Cinco con su coro de cinco patitos y cinco lobitos.

1 2 3
4 5 6
7 8 9 0

El Seis hace un pastel

El número Seis lleva una camiseta con seis puntos.

Hoy, el Seis tiene clase de cocina.

6

La clase tiene seis alumnos,
y la abeja, que es la profesora
de cocina, ha organizado un concurso
de pasteles.

—¡Yo haré un pastel de frutas!

—dice el Seis.

6

La abeja da seis palmadas
con sus seis patitas
y los seis alumnos
se ponen a trabajar.

El Seis comienza a hacer su pastel
y va añadiendo los ingredientes:

«Seis huevos de gallina,
seis vasos de harina,
seis cucharadas de azúcar,
seis peras dulces y maduras,
seis gotas de limón,
seis hojitas de menta,
seis granitos de anís...

6

… y seis cucharaditas de miel».

De repente,
el Seis exclama
muy preocupado:
—¡Me falta la miel!
¡Y sin miel
no puedo
terminar
mi pastel!

—No hay
problema
—le dice la abeja.

La maestra
abre su bolso
y saca un tarro
de rica miel.

El Seis le echa seis cucharaditas de miel a su pastel, y después lo mete seis minutos al horno y otros seis en la nevera.

Y para adornar
el pastel, ¡el Seis
le pone seis fresas!

La profesora de cocina prueba
los seis pasteles que han preparado
sus seis alumnos, y cuando llega
al del Seis, exclama:

6

—¡Hummm, qué rico! ¡Sabe a seis cosas: a peras, a menta, a anís, a miel, a fresas y a limón! ¡El Seis es el ganador!

1 2 3
4 5 6
7 8 9 0
7

Los cuentos del Siete

El número Siete lleva una camiseta con siete puntos.

El Siete siempre lleva un libro bajo el brazo.

7

Le encanta leerles historias a sus amigos, y tiene cuentos para cada uno de los siete días de la semana.

El lunes, el Siete les lee a sus amigos el cuento de *Pulgarcito:*

—Pulgarcito era un niño muy pequeño que se puso unas botas de siete leguas para huir de un ogro malísimo...

El martes toca leer *Blancanieves y los siete enanitos:*

—Los siete enanitos vivían en su casita del bosque y eran muy buenos y divertidos...

El miércoles, el Siete lee el cuento
de *El lobo y los siete cabritillos.*

¡Sus amigos
se ríen mucho
cuando el Siete
imita la voz
del lobo!

El jueves le toca el turno a *Simbad*, el marino:

—Que navegaba por los siete mares en busca de aventuras...

7

El viernes, el Siete les lee
a sus amigos la historia
de *El sastrecillo valiente*...

—¡Que espantó siete moscas
de un solo golpe!

El sábado, como no hay colegio, el Siete y sus amigos se van al parque.

—Hoy os contaré el cuento de *Las siete notas musicales*, que se escaparon de una canción y se fueron por el mundo a vivir aventuras...

7

El domingo, el Siete se queda en casa leyendo el cuento de *Los siete cuervos*:

—Había una vez siete hermanos que se convirtieron en siete cuervos...

7

Al terminar, el Siete dice:

—Me encanta jugar y cantar, ¡pero leer cuentos me gusta siete veces más!

1 2 3
4 5 6
7 8 9 0

8

El antifaz del Ocho

El número Ocho lleva una camiseta
con ocho puntos.

Hoy, el Ocho está muy nervioso
porque actúa en la obra
de teatro del colegio:
El Guerrero del Antifaz.

El Ocho se pone
el disfraz y sube
al escenario.

¡La representación va a empezar!

La rana Dina, disfrazada de araña, ataca al Ocho con sus ocho patas.

¡Pero el Ocho le ata las ocho patas y la deja colgando de su telaraña!

8

El gato Fito, disfrazado
de pulpo con sus ocho
tentáculos, quiere
llevarse al Ocho
al fondo del mar.

¡Pero el Ocho le anuda los ocho tentáculos y lo mete en una pecera!

El gallo Kiko, disfrazado de marciano con ocho ojos, intenta darle un susto al Ocho.

¡Pero el Ocho le tapa los ocho ojos, lo mete en un cohete y lo lanza al espacio!

8

El unicornio Nelo se ha disfrazado
de dragón de ocho cabezas.
¡Es tan fiero que parece de verdad!

Pero el Ocho no se asusta,
le lanza ocho chorros de agua...
¡y el dragón de ocho cabezas se queda
más mojado que una fregona!

El público aplaude durante
ocho minutos seguidos.
¡La obra ha sido un éxito!

El Ocho está tan emocionado
que olvida quitarse el disfraz...
¡y se marcha a casa vestido
de Guerrero del Antifaz!

1 2 3
4 5 6
7 8 9 0

El cumpleaños del Nueve

El número Nueve lleva
una camiseta con nueve puntos.

9

Hoy cumple nueve años y va
a celebrar una gran fiesta
para sus amigos.

El Nueve ha colgado del techo del salón
nueve piñatas llenas de caramelos.

Y ha puesto nueve globos de colores
para adornar la entrada.

El Nueve ha puesto nueve floreros
llenos de flores...

... y nueve bandejas de pasteles
sobre la mesa del comedor.

También ha colgado
nueve farolillos en el balcón.

Y en el jardín ha colocado
nueve cometas para
que bailen con el viento.

¡Ahí llegan
sus invitados!

—¡Hola amigos!
—les dice el Nueve.

9

Han venido el unicornio, el gato,
la pata, el dromedario, el gallo, la
rana, el dinosaurio y el cocodrilo.

—¡Qué bien! ¡En total somos nueve!

—dice el Nueve.

Los amigos del Nueve le han traído un regalo de cumpleaños en una cesta grandota.

—¿Qué será, qué será?
—dice el Nueve,
y empieza
a contar—:

9

»Uno, dos, tres, cuatro, cinco, seis, siete, ocho... ¡y nueve perritos! ¡Me encanta vuestro regalo, amigos!

1 2 3
4 5 6
7 8 9 0

0

El Cero travieso

El número Cero lleva una camiseta sin ningún punto.

El Cero es un número muy travieso.

O

¡A la hora del recreo se ha escapado rodando del cuaderno de deberes del gato Fito!

Lo primero que ha hecho
el Cero ha sido colarse
en la mochila
de la pata Tula.

Tula se ha creído que el Cero
era una rosquilla, y al ir
a darle un mordisco...
¡el Cero ha escapado rodando!

¡Pobre pata Tula!
¡Menudo susto
se ha llevado!

Cuando el cero
se tumba en el suelo
del patio, parece un agujero,
y todos lo rodean porque piensan
que se van a caer dentro.

¡El Cero se troncha de risa
y sigue rodando a toda prisa!

El Cero se enrolla
en la cintura de la rana Dina.
—¡Qué aro tan bonito! —dice Dina,
y se pone a jugar con él como
si fuera un hula-hop.

Después de algunas
vueltas, el Cero
escapa un poco mareado.

Suena el timbre.
El recreo ha terminado.
Los alumnos entran en clase,
y el Cero también vuelve rodando.

O

El Cero vuelve a meterse en el cuaderno del gato Fito y dice muy contento:

—¡Qué bien me lo he pasado!

O

1 2 3

4 5 6

7 8 9 0

Índice

1
2
3
4
5
6
7
8
9
0